LES MORDUS
DU RUGBY

DU MÊME AUTEUR

Cherchez le Martien (Dargaud)
Le petit Monde de Pat Mallet (Dargaud)
Question de Nerfs (Glénat)
Les petits hommes verts (Glénat)
Les petits hommes verts envahissent la terre (Glénat)

Pat Mallet

LES MORDUS DU RUGBY

**Collection Les Mordus
dirigée par PIEM**

le cherche midi éditeur
68, rue du Cherche-Midi - 75006 PARIS

Édition originale

© Le Cherche Midi éditeur, 1986

PRÉFACE

La rencontre du rugby avec la bande dessinée ou le dessin humoristique est toujours un évènement, surtout lorsque le titre « Les mordus du rugby » nous interpelle avec autant d'à propos.

Dans cet ouvrage, Pat Mallet illustre avec talent les facettes innombrables de notre sport. Passion dévorante, fait de société, expression nationale, autant d'éléments qui, sous la plume du caricaturiste, prennent une force et un relief particuliers.

La sobriété du trait conduit le lecteur droit à l'essentiel. L'humour, tour à tour tendre et corrosif, nous plonge dans l'univers des amateurs de rugby avec chaque fois une approche originale qui fait mouche...

Pat Mallet a réussi l'essai qu'il ne fallait pas manquer. Il saura, j'en suis certain, séduire les amateurs de rubgy autant que les fanas du dessin d'humour, d'humeur, d'amour.

Albert FERRASSE

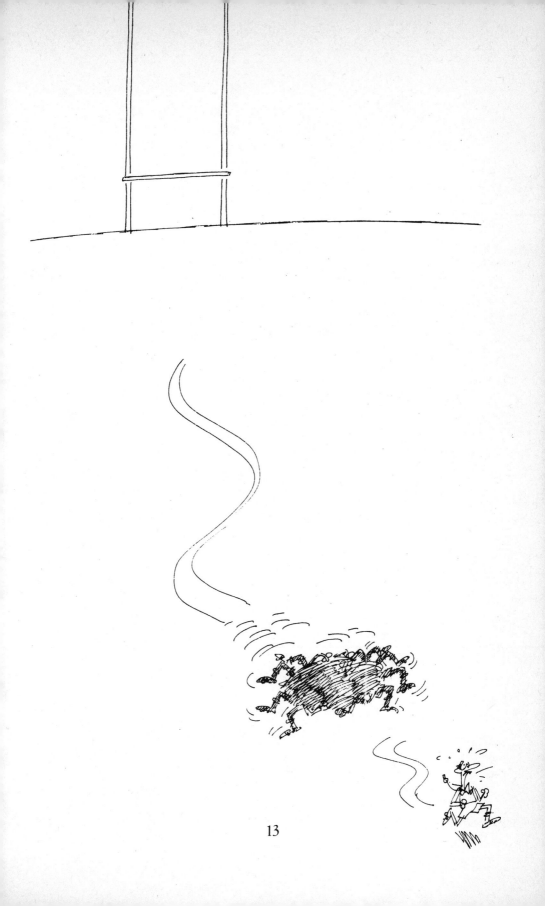

FRANCE-FIDJI
(NOCTURNE)

1

2

5

6

9

VESTIAIRES

10

24

13

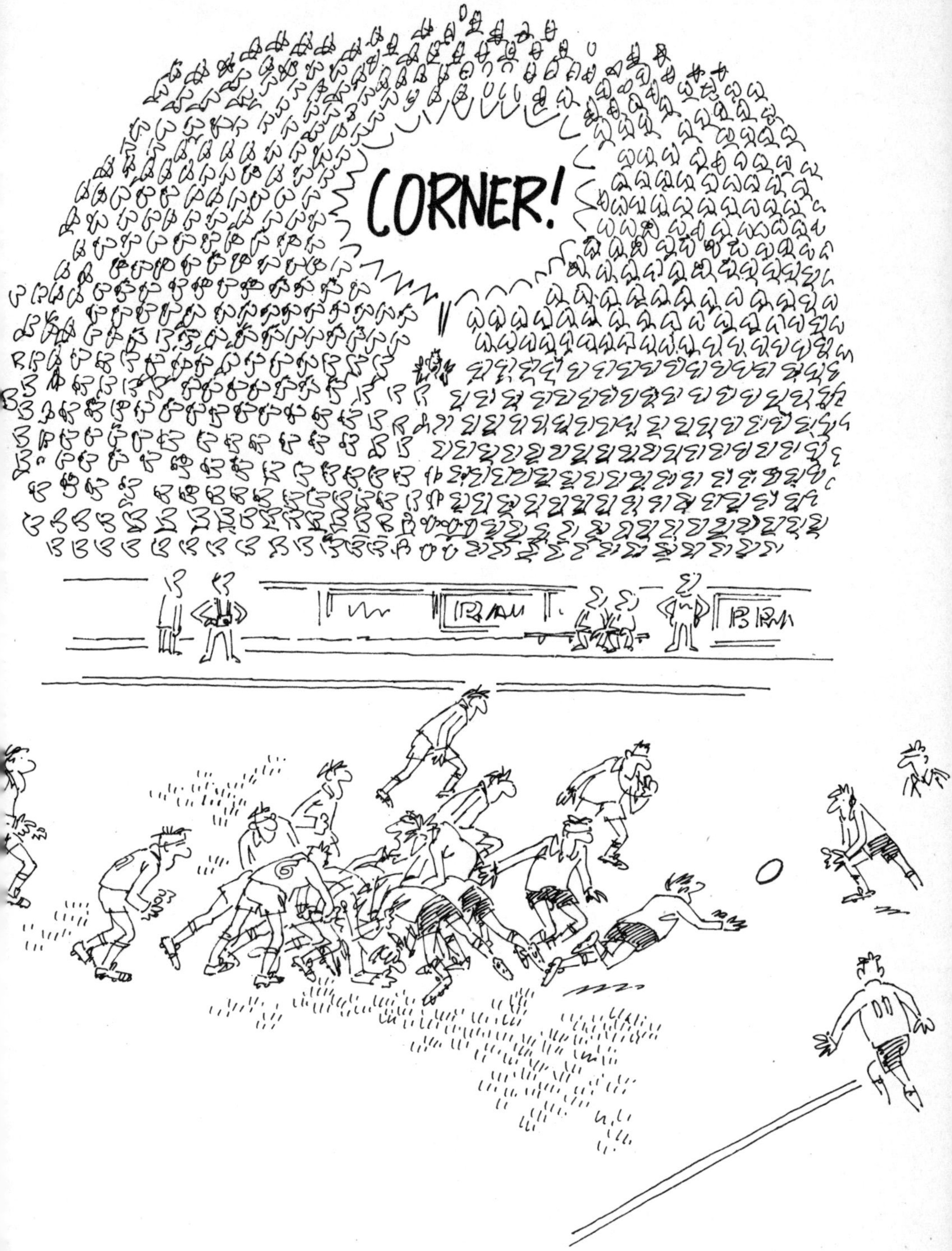
CORNER!

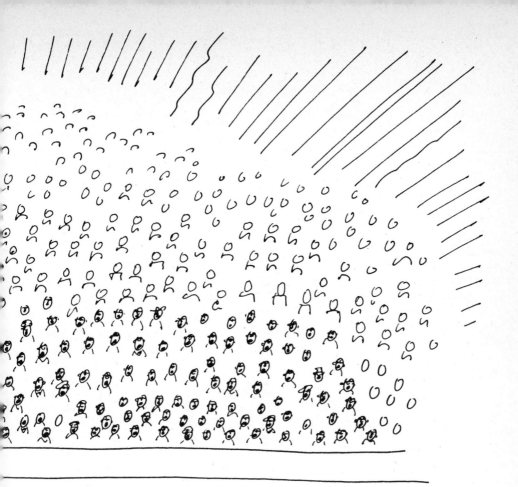

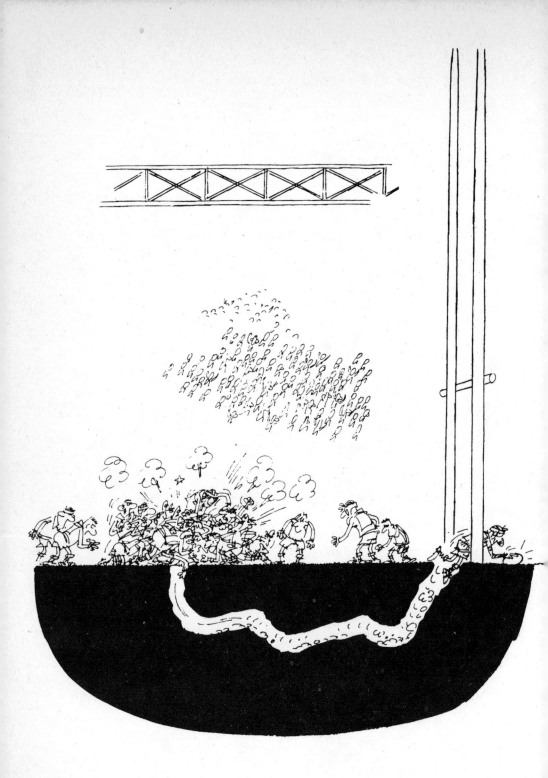

46

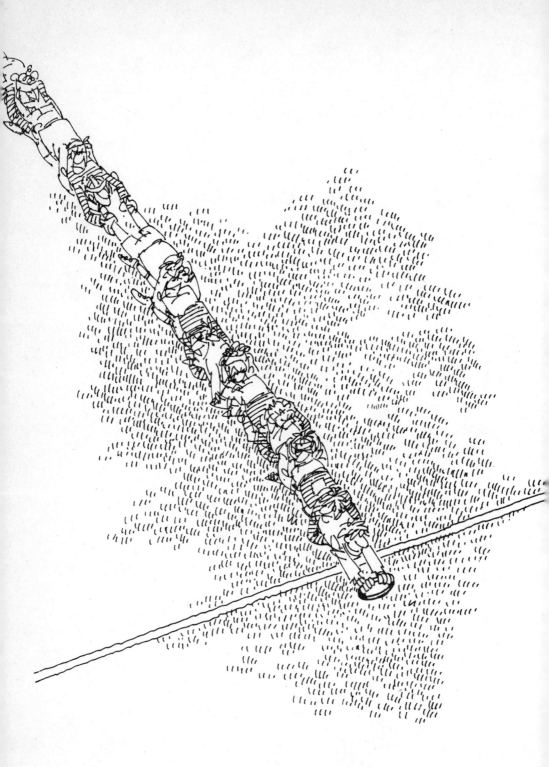

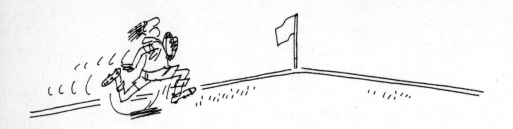

66

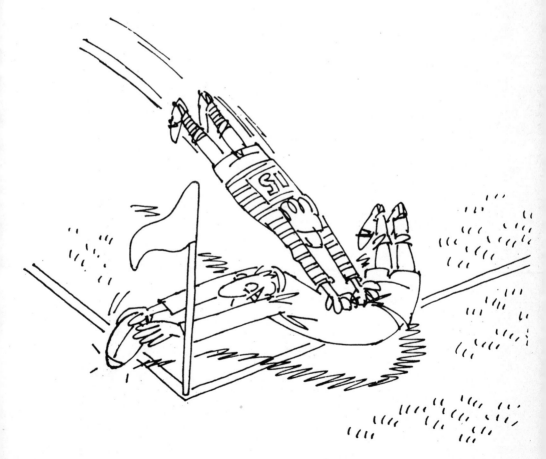

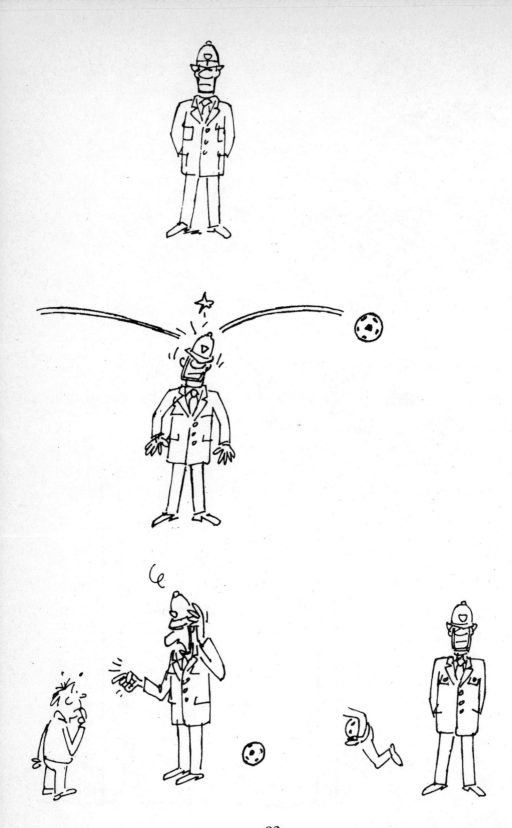

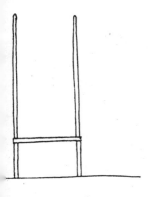

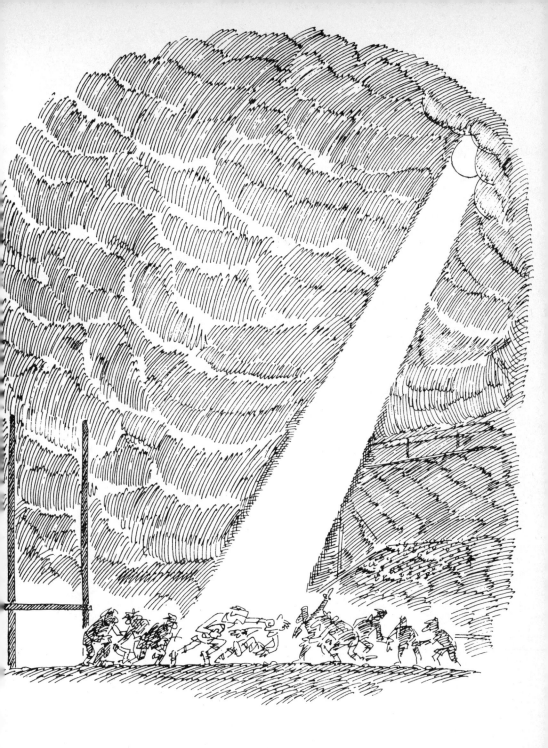

CES SUPPORTERS AVEC LEURS PÉTARDS !!!..

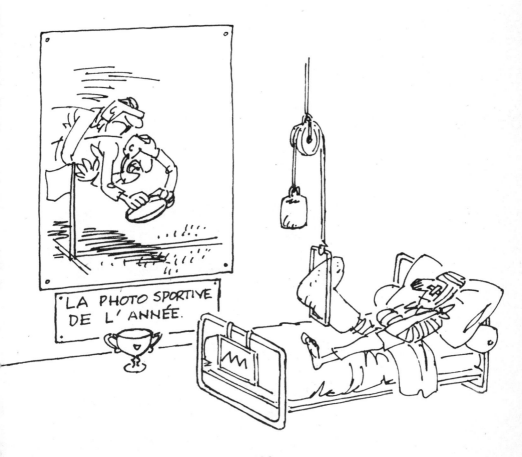

LA PHOTO SPORTIVE
DE L'ANNÉE.

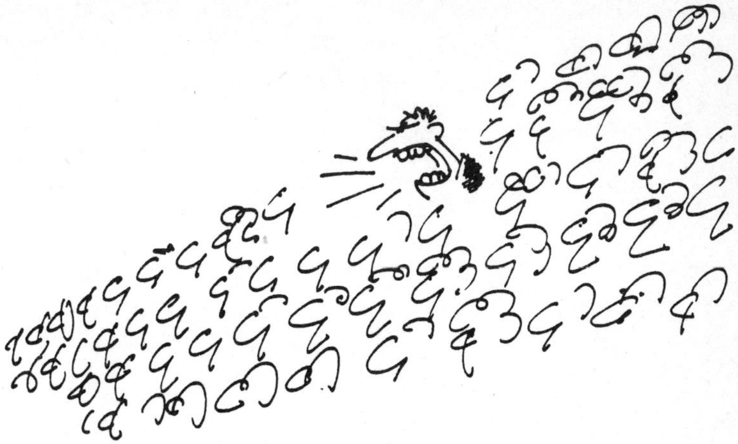

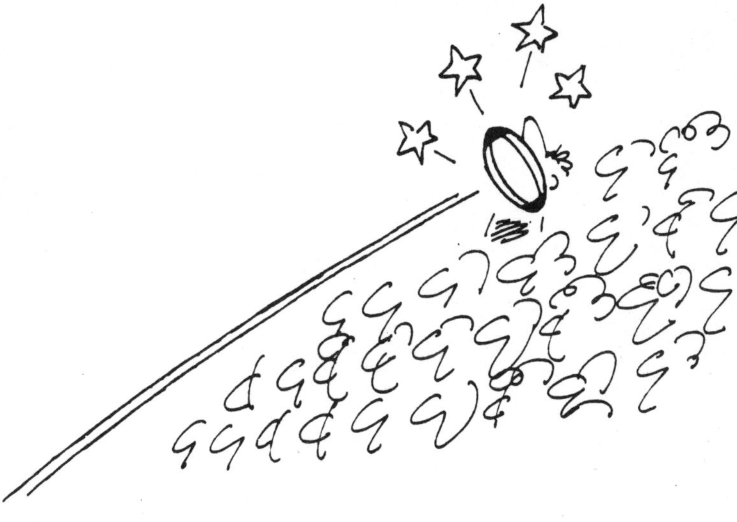

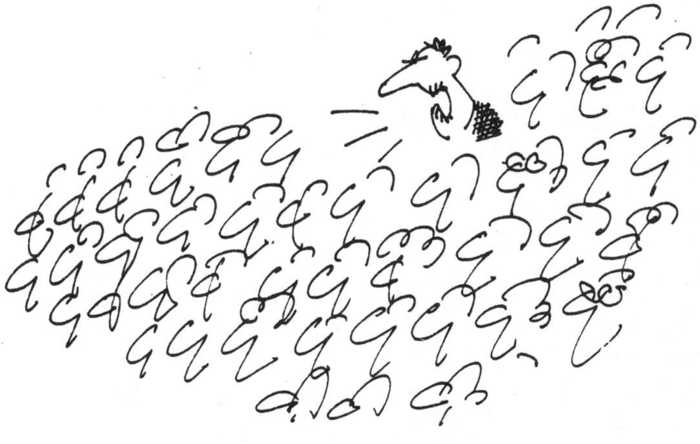

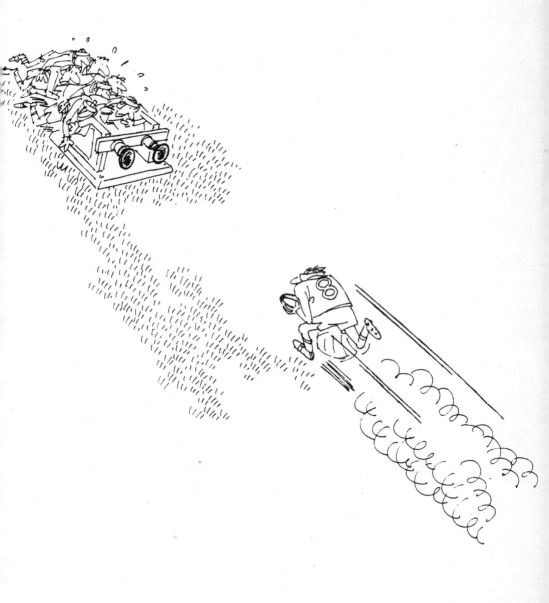

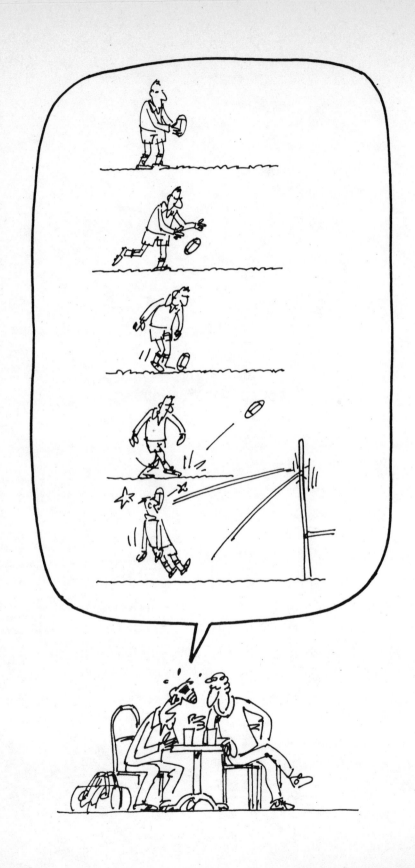

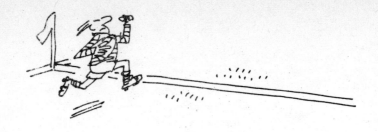

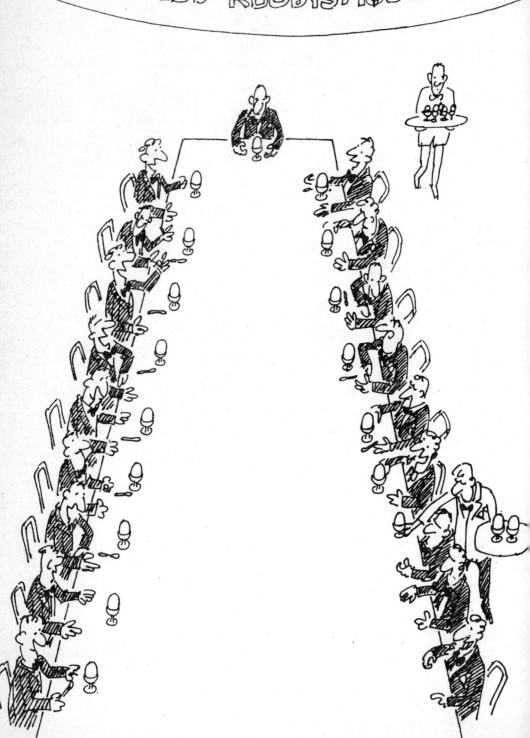

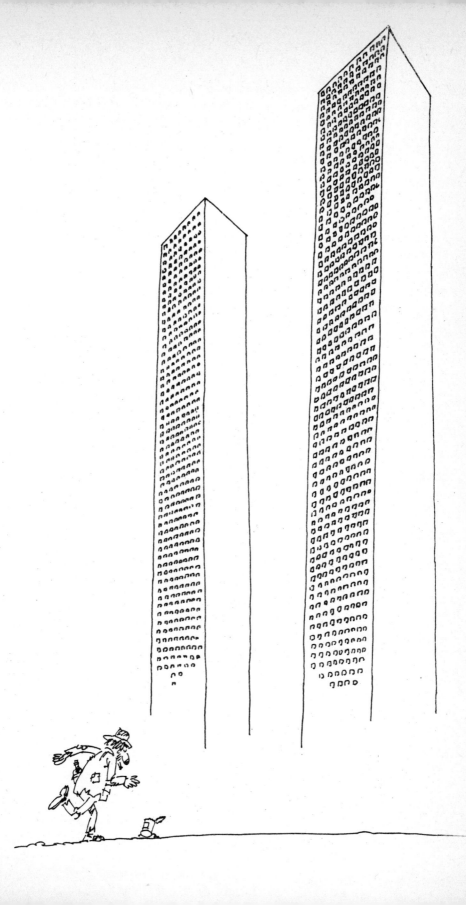

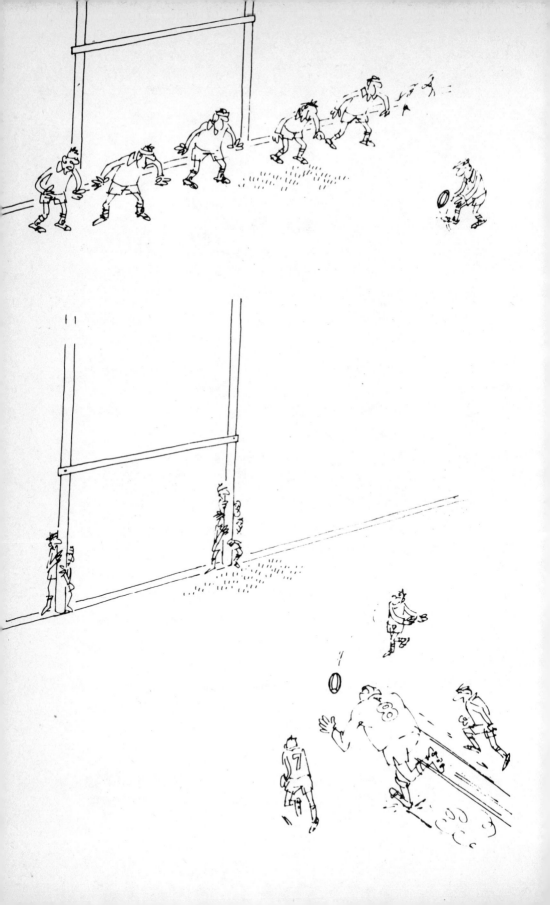

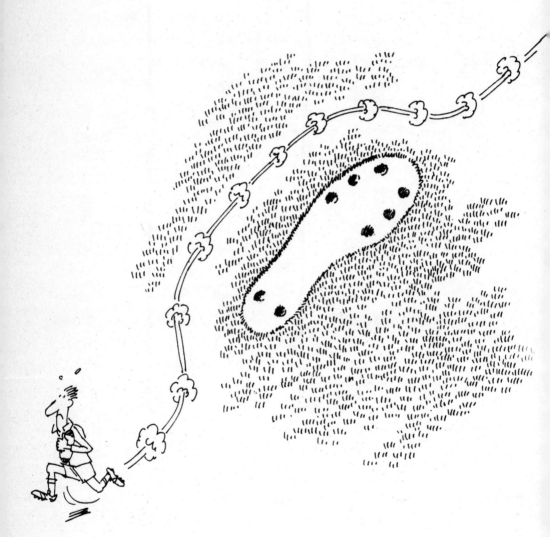

L'HUMOUR AU CHERCHE MIDI ÉDITEUR

Collection : « Les Pensées »
dirigée par Michel Breton et Jacques Pessis

Les Pensées
de
ROLAND BACRI
préface de Maurice Clavel

Les Pensées
de
FRANCIS BLANCHE
recueillies par Henri Marc
préface de Claude Villers
illustrations originales de Cabu

Les Pensées
de
PIERRE DAC
anti-préface de Louis Leprince-Ringuet

Les Pensées de Marianne
de
PIERRE DOUGLAS
préface de Hector Rolland

Les Pensées des Frères ennemis
par
ANDRÉ GAILLARD - TEDDY VRIGNAULT

Pensées, Maximes et Anecdotes
de
SACHA GUITRY

Les Pensées
de
ROGER PIERRE
(Prix Gaulois 1982)

Les Pensées
de
WOLINSKI
illustrées par lui-même

JEAN DELACOUR
Dictionnaire des pensées les plus drôles

ACHEVÉ D'IMPRIMER LE   AOÛT 1986
SUR LES PRESSES DE L'IMPRIMERIE JOUANNO
POUR LE COMPTE DU
CHERCHE MIDI ÉDITEUR

Imprimé en France
Dépôt légal : août 1986
Numéro d'impression : 318 983

ISBN : 2-86274-092-6

Numéro d'éditeur : 92